いつかは行きたい

美しい場所100

The World's Most Beautiful Places

いつかは行きたい

美しい場所100

The World's Most Beautiful Places

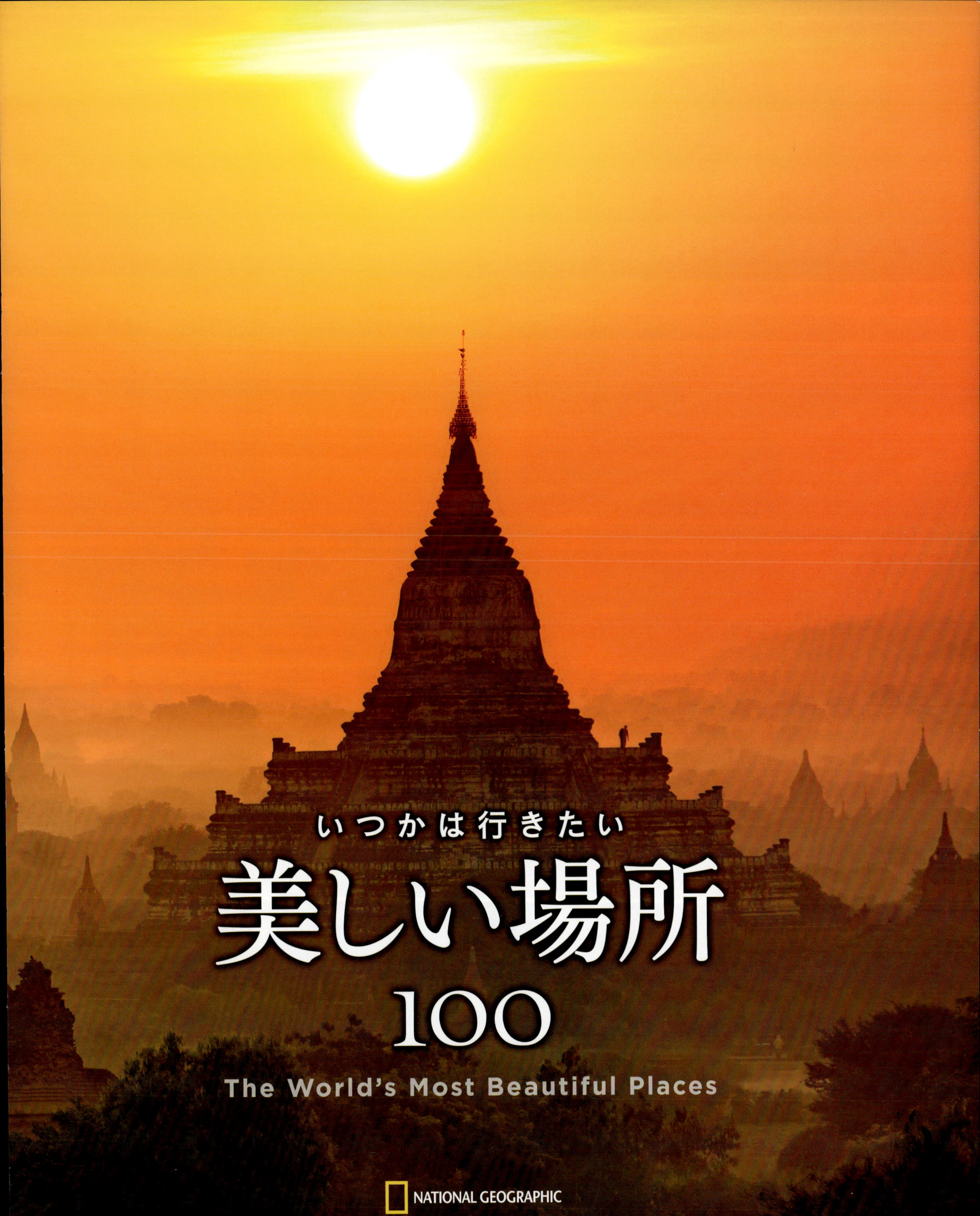

NATIONAL GEOGRAPHIC

山と渓谷に豊かな田園の旅 1-25

peaks & valleys

トスカーナ▶6、表紙

イタリア中部。雲間から差し込む光に照らされる山村

Photo : Lee Warren Photography/Getty Images

川と海が陸と織りなす変化 26-50

rivers & shores

桂林▶27
中国、広西壮族自治区。漓江にかかる古い石橋 Photo : Hanhanpeggy/Dreamstime

歴史ある
都市と建築をめぐる 51-75
cities & beyond

サントリーニ島▶65
ギリシャ、エーゲ海キクラデス諸島南部。イアの集落　Photo : mbbirdy/Getty Images

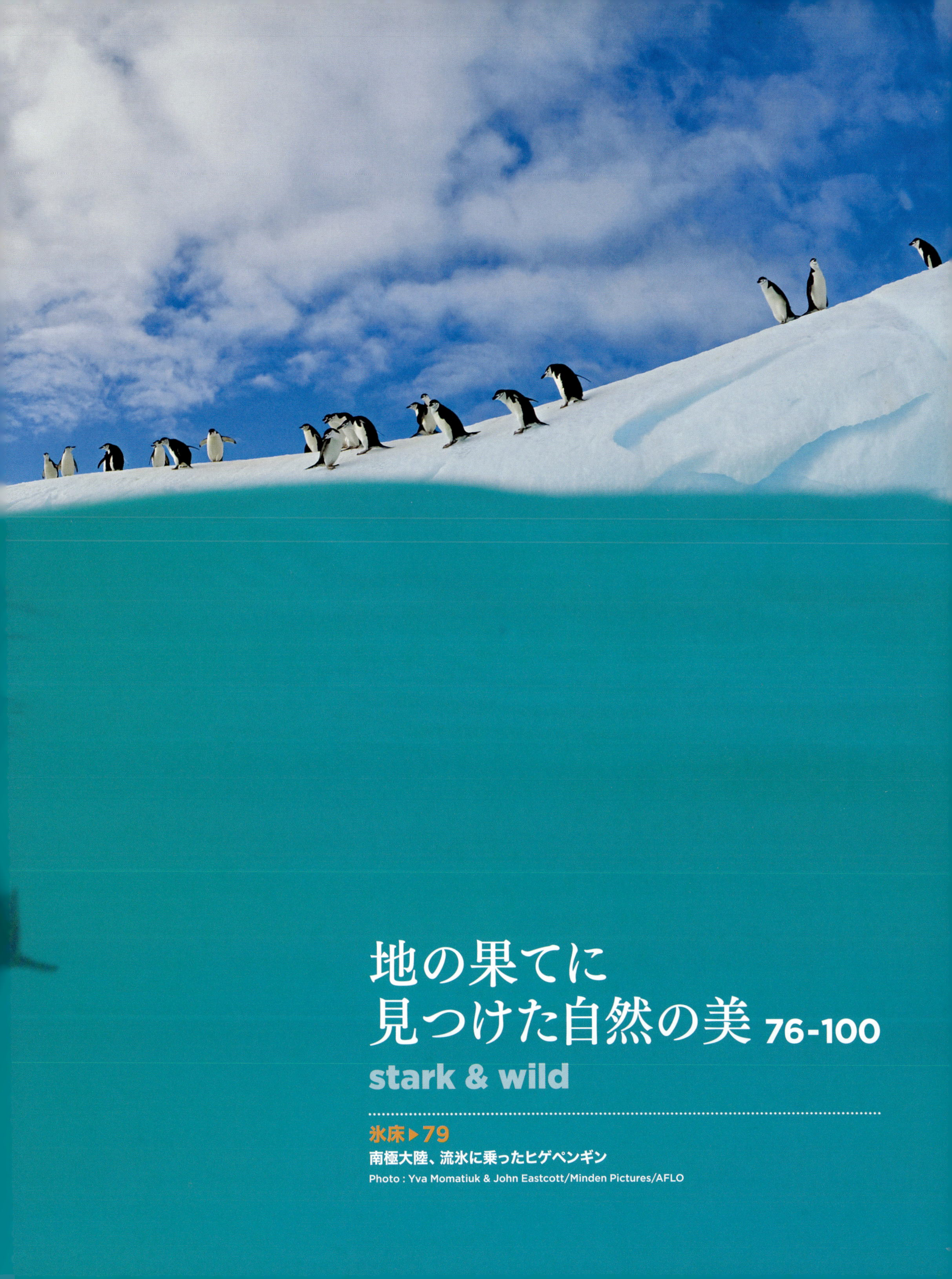

地の果てに見つけた自然の美 76-100

stark & wild

氷床 ▶ 79

南極大陸、流氷に乗ったヒゲペンギン

Photo : Yva Momatiuk & John Eastcott/Minden Pictures/AFLO

写真
p.1　夕日に照らされるグランド・キャニオン、トロウィープ・ポイントの岩壁。▶ 88
p.2-3　ミャンマーの仏教聖地バガンのシュエサンドーパゴダの日の出。▶ 66
p.12-13　セーシェル諸島、フリゲート島の砂浜を散策する観光客。▶ 41

目次

美しい場所100　ワールドマップ　14

山と渓谷に豊かな田園の旅　16

peaks & valleys

1-25　緑豊かな丘陵地帯、尖った頂、霧に包まれた密林、風にそよぐ草原、
岩だらけの原野、ゆるやかに起伏する風景など、息をのむほど壮麗な景観の数々

川と海が陸と織りなす変化　46

rivers & shores

26-50　色鮮やかなサンゴ礁や白砂の海岸線から湾曲する川やきらめく
フィヨルドまで、水が形づくる荘厳なランドマークや景観の数々

歴史ある都市と建築をめぐる　76

cities & beyond

51-75　壮大な都市、貴重な建築物、偉大な過去の文明の遺跡など、
人間がつくり出したとは信じがたいほど美しい建造物の数々

地の果てに見つけた自然の美　106

stark & wild

76-100　揺らめく熱や輝く氷、不思議な形、鮮やかなコントラストなど、
誰もが想像力をかき立てられ、冒険心をくすぐられる景観の数々

クレジット　136

山と渓谷に豊かな田園の旅

いつかは行きたい

美しい場所100 The World's Most Beautiful Places

川と海が陸と織りなす変化

歴史ある都市と建築をめぐる

地の果てに見つけた自然の美

1

サワロ国立公園

米国アリゾナ州南部

夕日が沈みかけ、ツーソン山脈とリンコン山脈の山並みがオレンジがかったピンク色に染まるころ、米国西部を象徴するイメージが次第に姿を現す。暮れなずむ空を背景に、北米で最大のサワロサボテンのシルエットが、何百本もくっきりと浮かび上がってくるのだ。

ツーソン山脈付近のサワロサボテン。自生するのはここソノラ砂漠だけだ。高いものは18メートルにもなり、150年以上生きているものもある。

山と渓谷に豊かな田園の旅
peaks & valleys

“山に登れば風はさわやかさを、嵐はエネルギーを身体に吹き込んでくれる。日々の憂いは、秋の枯れ葉のようにはがれ落ちていくだろう”

ジョン・ミューア

「美はそれを見る人の目の中にある」という言葉がある。しかし、本書に集めた比類のない景観に、それはあてはまらない。グランド・キャニオン、マチュピチュ、ローマの遺跡……これらを前にしたときにわき起こる感情は人それぞれ違うだろう。しかし、これらの場所が私たちの心に訴えかける強い力には共通するものがある。これらの景観は、どれも見た瞬間にその真の姿が伝わる。「ここは世界で一番美しい場所の一つなのだ」というメッセージが強く伝わってくる。

まず最初に、私たちに畏敬の念を抱かせる世界の名峰から見ていこう。こうした山々は絶えず人間を引きつけてきた。アラスカのマッキンリー山の威容や、ネパールのアンナプルナ内院を取り囲むヒマラヤの峰々を眺めれば、古代からなぜ人々が高山に神を祭ってきたかがうなずける。山を歩き、登り、その頂を眺めるとき、私たちはありふれた日常から解放されるのだ。

渓谷は山とは違う。ケニアのマサイマラ国立保護区の広大なサバンナや、米国ブライスキャニオンの切り立つ断崖や岩の円形劇場のように、たしかに自然への畏怖の念をよび起こす美しさも多い。けれども渓谷はしばしば人間の住む場所でもあり、人の手によってつくられた穏やかな美しさが随所に見られる。イタリア中部のトスカーナのブドウ園やオリーブ畑、タイ北部の低地に広がる緑のパッチワークのような水田がそうだ。

山の頂と渓谷のあいだにも、まばゆいばかりに美しい風景がある。うっそうと生い茂るバリ島の熱帯雨林から、野草の咲き乱れる米国モンタナ州グレイシャー国立公園の草原、ターコイズブルーに輝くパタゴニア高原の湖水、そして本当の美は季節とは関係がないことを教えてくれる、米国北東部ニューイングランドのなだらかな丘陵まで、その多様さには限りがない。

2
レッドウッド国立公園
米国カリフォルニア州北部

レッドウッド（セコイア）に限って言えば、大きいことは美しい。そしてこの国立公園のレッドウッドほど大きいものは、ほかではまず見られない。ここには米国西海岸のレッドウッドの約45％が生育する貴重な原生林がある。高さ100メートル、樹齢2000年にもなる巨木は、世界最古にして最も背の高い生物の一つだ。

とっておき情報

レッドウッド国立公園へは、サンフランシスコの北460キロにあるユーリカのアルカータ空港が近い。全長50キロのアベニュー・オブ・ザ・ジャイアンツ（国道254）でアクセスできる。

天に向かって梢を伸ばすレッドウッド国立公園の大木。この森は1億6000万年前から続く生態系の一部である。

3 チェンマイ県 chiang mai province

タイ北部

チェンマイは、東南アジアで最も重要な歴史の十字路の一つ。その風景は、この地に住みついた民族と同じくらい多様だ。低地と、くねくねと曲線を描く棚田に広がる、鮮やかなエメラルドグリーンのパッチワークのような水田。その四方を取り囲む、濃い緑色のうっそうとしたジャングル。その合間をゆったりと流れる川には、タイの二大峰、ドイ・インタノン（2565メートル）とドイ・チェンダオ（2175メートル）が影を落としている。

とっておき情報

県都チェンマイは堀に囲まれた古都で、その魅力を今に伝える。辺境の少数民族の村への小旅行や、周辺地域のサイクリング、ハイキング、ゾウ乗りツアー、バードウォッチング、ゴムボートで急流を下るラフティングなど、さまざまなアクティビティの拠点でもある。

チェンマイ近郊の水田。タイの耕作地の約半分は稲作にあてられている。

4 マサイマラ国立保護区

masai mara national reserve

ケニア南西部

夕暮れ時のマサイマラ国立保護区。木々の点在する草原は、柔らかな黄金色の光に包まれる。どこまでも広いアフリカの空には、満天の星がまたたき始める。影は濃さを増し、日中の乾燥した焼けつくような暑さはどこかに消えた。穏やかな静寂があたりを包むこの時間は、嵐の前の静けさだ。ケニア南西部をすみかとする多くの生き物たち ── ライオン、ヒョウ、ゾウ、サイ、ハイエナなどが、もうすぐ一斉に活動を開始する。

とっておき情報

ベストシーズンは8月。120万頭のヌーや75万頭のシマウマなどの動物たちが、隣国タンザニアのセレンゲティ平原から草地を求めて北上してくる「大移動」が見られるかもしれない。

マサイマラの日没（右）とチーター（上）。チーターは日が沈んでから狩りをする。

5 トーレス・デル・パイネ torres del paine

チリ、パタゴニア

トーレスとは塔の意味だが、トーレス・デル・パイネにそびえる巨大な花崗岩の威容には、どんな人工の塔もかなわない。2422平方キロの国立公園が広がるここアンデス山脈東端の魅力は、空に突き刺さる尖峰だけでない。松の香る林を抜けてトレッキング・コースをたどってみよう。エメラルドグリーンの湖や風の吹き渡る平原を越えて、南パタゴニア氷原のグレイ氷河やディクソン氷河の舌端にも達することができる。

とっておき情報

日帰りでトーレス・デル・パイネの名峰の眺めを楽しめる、標識の整備された歩きやすいハイキング・コースがある。有名なW字型のトレッキング・コースなら山小屋泊まりで5日間。1周するルートだと8～9日間かかる。

朝日を浴びて金色に染まる、パタゴニア、トーレス・デル・パイネ山地の花崗岩の尖峰と岩壁。

6 トスカーナ tuscany

イタリア中部

トスカーナは、美しい風景の多いイタリアの中でもひときわ魅力あふれる場所だ。ヨーロッパ・ルネサンスの中心地フィレンツェや、中世の面影をそのままにとどめるシエナを擁し、丘の上の村々は何世紀も前とほとんど変わらないたたずまいを見せる。時を超えた景観は、昔ながらのブドウ畑やオリーブ林、イトスギに覆われた丘、ひなびた農家、小麦畑や夏のヒマワリ畑などが織りなすタペストリーのようだ。芸術と美しい景色を堪能したら、あちこちにあるワイナリーを訪れて地元料理に舌鼓を打とう。ワインも試飲できる。

とっておき情報

シエナの南にあるオルチャ渓谷には、トスカーナの魅力が凝縮されている。田園風景、美しいサンタンティモ修道院、そして珠玉のような3つの小さな町、ピエンツァ、モンタルチーノ、モンテプルチャーノがある。

オリーブ林、イトスギ、ブドウ畑、起伏のある丘 ── ピエンツァ近郊、オルチャ渓谷の典型的なトスカーナの風景。

7 オリンピック国立公園

olympic national park

米国ワシントン州 オリンピック半島

絵のように美しいこの半島を、米国立公園局は「三つの公園が一つになったところ」と表現している。でも、三つではまだまだ足りない。ここは北米ではまれに見る変化に富んだ場所なのだ。公園を縁どる荒々しい海岸線、広大な温帯雨林の原生林はコケに覆われ、その間を急流が走る。公園の中央には氷河をいただく険しい山並みが連なり、その周辺には深い渓谷とアルプスのような高原が広がっている。

とっておき情報

内陸にそびえる山々の間を走る道路はほとんどないが、ハリケーン・リッジではアルペンスキーとノルディックスキーの両方が楽しめ、絶景も望める。

オリンピック国立公園ハリケーン・リッジの斜面で草をはむシカ(上)。シダの間から顔をのぞかせるゴゼンタチバナの花。

8 ヨセミテ国立公園
yosemite national park

米国カリフォルニア州東部

ヨセミテ国立公園には、7月には平均90万人もの観光客が押し寄せるが、1月の来訪者は2万6000人に減少する。冬に訪れるメリットは、混雑が避けられることだけではない。雪景色や澄みわたる青空にくっきりと描かれる山の稜線など、冬ならではの景観が満喫できる。ガイドつきのスノー・シューイングを楽しむもよし、暖房のきいたシャトルバスで公園内をドライブするもよし、国定歴史建造物に指定されたアワニー・ホテルの暖炉の前でくつろぐのもよしだ。

とっておき情報

ヨセミテ渓谷内のハイキング・トレイルの一部は冬でも歩けるし、バジャー・パスの近くにはスキー場がある。公園の大きな見どころ、ハーフドームとグレイシャー・ポイントにはさまれたカリービレッジでは、屋外でスケートが楽しめる。

雪化粧したヨセミテ国立公園のマーセド川を見下ろす岩峰エル・キャピタンに、太陽がまだら模様をつくる。

マッキンリー山

9 mount mckinley

米国アラスカ州デナリ国立公園

マサチューセッツ州とほぼ同じ広さの自然保護区、デナリ国立公園を訪れる目的はいろいろある。低木の茂みでエサをあさるクマを観察すること、全長145キロのデナリ・パークロードをドライブしながら荘厳な山並みを眺めること、クラニカ谷でヘラジカやカリブーの群れを見つけること……目的は何であっても、公園の中心にそびえる標高6196メートルの北米最高峰マッキンリー山の威容を一目見ずに帰るわけにはいかない。

とっておき情報

公園では認可業者が犬ぞりツアーを提供している。デナリでは1920年代から、レンジャーが犬ぞりを仕立ててパトロールをしてきた伝統がある。最大で1日50キロを走る犬ぞりに乗りながら見る野生生物と冬景色は、一生忘れられないだろう。

アラスカ州デナリ国立公園のワンダー湖で、マッキンリー山を仰ぎながらカヌーを漕ぐ。

BELL

10

« 済州《チェジュ》島

韓国

800年間噴火していない雄大な火山、ハルラ山（標高1950m）。この山が済州島に手つかずの自然と、さまざまな生物を育む環境をもたらした。大噴火口と360もの小さな噴火口をもつ火山、黒砂の砂浜、滝の点在するジャングル、ツンドラの高原、そして希少な動植物が生息する肥沃な低地帯など、バラエティに富んだ景観が満喫できる。

休火山ハルラ山の噴火口。韓国の最高峰だ。

11

タクツァン僧院 »

ブータン

ヒマラヤ山脈のブータン王国を訪れる人はそう多くはないが、標高3120mの崖の上にある仏教僧院タクツァン（別名タイガーズネスト）まで登っていく人はさらに少ない。17世紀に建立されたこの僧院は霧に包まれた山の中にあり、眼下にはほとんど手つかずの原生林が広がっている。

ブータン西部の辺境にあるタクツァン僧院（タイガーズネスト）。

12

« ブライスキャニオン

米国ユタ州南西部

まず、赤、茶色、黄土色と、色とりどりのポンソーガント高原の石灰岩を用意する。そこに1000年に及ぶ自然の侵食作用――霜、風、水――を加える。できあがったものを、一歩後ろに下がってゆっくり観賞しよう。それは目もくらむような自然の造形、ブライスキャニオンの壮大な岩の円形劇場（アンフィテアトルム）と尖塔群（フードゥー）だ。

朝日に照らされた巨大な円形劇場を眺める旅行者。

13

« ラウター ブルンネン渓谷

スイス

ラウターブルンネンは、名峰アイガー、メンヒ、ユングフラウに囲まれたアルプスで最も深い渓谷の一つ。スクーターをレンタルして、ビロードのように滑らかな牧草地やキラキラ輝く滝を眺めながら走れば、ヨーロッパ最高地点(標高3454m)の鉄道駅、ユングフラウヨッホ駅にたどり着く。

ラウターブルンネン渓谷の草原をはさんでそそり立つ巨大な岩壁。この絶景を見渡せる居心地のいいカフェもあちこちにある。

14

アルパイン » 国立公園

オーストラリア、ビクトリア州

弧を描きながらどこまでも続く稜線、のこぎりの歯のような頂、激しく流れる川、スノーガム(ユーカリ属の木)の森、花の咲き乱れる野原、高原に広がる草地——オーストラリアのように広大で豊かな景観に恵まれた国のなかでも、アルパイン国立公園ほど開放的で雄大な自然はここにしかない。

ファインターズ・ノースの展望台から、ボゴン高地のなだらかな山並みと草原を望む。

15

« グレイシャー 国立公園

米国モンタナ州北部

グレイシャー国立公園(面積4100平方キロ)の壮麗な景観は、「北米大陸の頂点」と称されてきた。大草原からツンドラにいたる幅広い生態系には、1000種類以上の動植物が生息する。公園内には全長約1100キロにもなるトレイルが整備され、年間200万人の観光客が訪れる。

グレイシャー国立公園のローガン・パスで、一面に咲くグレイシャー・リリー(キバナカタクリ)。

16 ジャスパー国立公園 jasper national park

カナダ、アルバータ州

カナディアンロッキーの中央に位置するジャスパー国立公園の荘厳さは、春夏秋冬いつ見ても色あせることはない。カナディアンロッキー最大のこの国立公園には多様で手つかずの景観が豊かに残る。アウトドア愛好家たちは一年を通じてここを訪れ、川や森、山、氷などの大自然を楽しむ。風光明媚なハイキング・コースやそそり立つ峰々、まっさらな粉雪、白く泡立つ激流など、その魅力は尽きない。

とっておき情報

ジャスパーからレイク・ルイーズまで全長230キロのアイスフィールズ・パークウェイをドライブすれば、壮大な山々や息をのむほど美しい氷河、高山植物の咲く草原、虹色に輝く湖など、カナディアンロッキーの絶景が満喫できる。

朝日に染まる頂とかすかな朝靄を背にした、マリーン湖のスピリット島と湖面に映ったその影。

17 キラーニー killarney

アイルランド、ケリー州

霧雨が降る午後をアイルランド人は「穏やかな日」と呼ぶ。アイルランド南西部の町、キラーニーにも穏やかな日はたびたび訪れる。メキシコ湾流がもたらすこの霧雨は、泡立つ小川や滝、湖の点在する緑豊かな景色も生み出した。それらを縁どるオークやイチイの森、岸辺に生い茂るシダ、フクシャの生け垣……そしてすべてを見下ろすようにそびえるのが、アイルランドで一番の高さを誇るマクギリカディーズ・リークス山脈（標高1038m）の急斜面だ。

とっておき情報

アイルランドを旅したら「クラック（楽しみ）」を味わわない手はない。夜になったらキラーニーの町を探索して昔ながらのパブに立ち寄ろう。この地域の美しい湖や山、遺跡などを巡る全長179キロの周遊路、リング・オブ・ケリーをドライブするには2日間は必要。

キラーニー郊外にあるロス城をはじめとする歴史的建造物は、ケリー州の風景に欠かせない名所だ。

18 アンナプルナ内院 annapurna sanctuary

ネパール

周囲を山に囲まれたアンナプルナ内院は氷河がつくった壮大な盆地で、ヒマラヤ山脈中央の標高4000メートルを超える場所に位置する。グルング族の聖地であるこの地は、1950年代まで外部の人には知られていなかった。だが現在では、周囲にそびえ立つアンナプルナ連峰登頂のベースキャンプということもあって、人気のトレッキング・スポットになっている。ベースキャンプまでの登山には数日かかるが、特別な登山技術は必要なく、保護地域やその周辺のデイハイキングも最近人気が高まっている。

とっておき情報

ヒマラヤ山脈ふもとの丘陵地帯からアンナプルナ内院までのトレッキングは、壮大な景色を眺めながらの登山となる。内院の「茶屋」に宿泊すれば、ネパールの村の日常に触れることができる。

世界有数の人気トレッキングスポットであるアンナプルナのベースキャンプに、祈祷旗（タルチョ）がはためく。

19
« ヨートゥンハイメン国立公園

ノルウェー、ベッセゲン

氷河に刻まれたこの国立公園には、ただただ何もない広大な空間が広がる。強い風によって侵食された峰々の間を縫うように、いくつもの湖が点在し、きらめく水をたたえている。所要時間7時間のハードだが人気のベッセゲン・トレイルに挑めば、ノルウェー人が「巨人の国」と呼ぶこの地の、すばらしい雄大さを体感できる。

ベッセゲン・トレイルの頂上からはノルウェー有数の絶景がのぞめる。

20
ムンナル »

インド、西ガーツ山脈

インドの西海岸沿い約1600キロにわたってのびる西ガーツ山脈は、世界でも最も壮大で多様性に富む山脈の一つだ。少なくとも139種の哺乳類と508種の鳥、そして5000種の植物が生息する。なかでも丘陵地帯を鮮やかな緑に染める茶の木は、何千年にもわたって地球上の人々の生活を潤してきた。

ムンナル周辺の西ガーツ山脈の斜面を覆う茶園。

21
« クレイドル・マウンテン国立公園

オーストラリア、タスマニア

のこぎりのような稜線や太古から残る原生熱帯雨林、ブナ林、ヒースの茂る高原。クレイドル・マウンテンの手つかずの大自然は、野生生物の宝庫でもある。オーストラリア屈指のブッシュ・ウォーキングが楽しめるオーバーランド・トラックをはじめ、いくつものハイキング・コースが縦横にのびている。

ウィルクス湖とクレイドル・マウンテンの山並み。間の斜面にはブナ林が広がる。

22

« ニューイングランドの秋

米国バーモント州中部

緑の田園地帯、赤褐色の納屋、尖塔のある教会——ただでさえ絵画より美しい景色が、秋に木々が色づくといっそう美しさを増す。シーズンには、観光客にとって最高の無料ショーである、紅葉をたたえる祭りがいくつも催される。

ニューイングランドの町や田園地帯を、まばゆいばかりの秋の色が包む。

23

アオラキ／マウント・クック » 国立公園

ニュージーランド

畏怖の念を抱かせずにはおかないこの山岳公園には、標高3754メートルの国内最高峰クック山（マオリ語でアオラキ）を含むニュージーランドの高峰が、一つを除きすべて集まっている。あらゆるレベル向けのトレッキング・コースが整備され、氷と雪の壮大な世界を堪能できる。

朝日に照らされたニュージーランド南アルプス山脈で、雲に覆われた眼下のミューラー氷河に見入る登山者。

24

« ハイランド地方

英国スコットランド

英国諸島で最も標高が高く、野生の自然がそのまま残ったハイランド地方。日の光がまだら模様をつくる荒野や宝石のような湖（ロッホ）、ヒースに覆われたロマンチックな山々、深く氷河に削られた峡谷（グレン）が忘れがたい景観を織りなす。ここはまた、氏族（クラン）間の抗争や流血の戦いがくり広げられた場所でもある。

スコットランド、ハイランド地方の中心部にある峡谷グレン・コーに冬が訪れる。

25 bali rain forest

バリの熱帯雨林

インドネシア、バリ島

バリの緑豊かな熱帯雨林が最も美しいのは夜明けだ。朝露に濡れた葉の生い茂る森の空き地にうっすらと朝日が差し込み、清々しい朝の空気に鳥の声が響きわたる。樹林の上で発生した霧は、島の中心にそびえる火山から放射状にのびる深い渓谷を流れていく。滝の水が苔むす岩に打ちつけられ、狭い峡谷を急流が走る。日の出とともに起き出したバリの人々は、雨林の奥にひっそりとたたずむヒンドゥー教寺院（およそ2万カ所あるといわれる）に供え物を捧げに行く。

とっておき情報

熱帯雨林の奥を探索するには、ラフティング・ツアーに参加するのが一番。バリ文化の中心地ウブドにある出発点から北に向けて、森の中の美しい峡谷を通ってアユン川の急流を下る。

バリ島中央部の青々とした樹海と下草の間を切り開くように流れるアユン川。

26

グレート・バリア・リーフ

オーストラリア、クイーンズランド州

オーストラリアのグレート・バリア・リーフ一帯の海は、ガーシュウインの「ラプソディ・イン・ブルー」の世界をほうふつとさせる。コバルトブルーやアクアマリンなど、青の濃淡がつくるモザイクは絶えず海面の表情を変える。海には多様な海洋生物が数多く生息し、海中もまた美しい世界が広がっている。総面積34万4000平方キロにもおよぶサンゴが生み出したグレート・バリア・リーフは、生物がつくった世界最大の地形だ。

空から見たオーストラリアのクイーンズランド州沿岸に広がるグレート・バリア・リーフの一部。その大きさは想像を越えるほどで、宇宙からもはっきりとわかる。

川と海が陸と織りなす変化
rivers & shores

“もやいを解いて、安全な港から船を出せ。貿易風を帆にとらえよ。探検せよ。夢を見よ。発見せよ”

マーク・トウェイン

水辺の風景には、魔法にかかったような美しさがある。確かに、一面が水ばかりの広大な海にも魅力はある。たとえば、潮流や水の色が織りなすモザイク、空を映し出す鏡のような海面。ただ、海の美しさは単純ともいえる。

一方、陸と海や湖と岸が出合う水辺には、もっと複雑な美しい光景がある。水だけでは見られない景色には、新たな美しさが加わるからだろう。

たとえば、スコットランドのカトリン湖では、まだら模様をつくる原野が湖面に映る。オーストラリアのグレート・バリア・リーフは沿岸部の洋上にサンゴが生長した独特の地形を作る。その見事なハーモニーは陸と水の出会いがあるから生まれるのだろう。

水辺の魅力は、ほかにもある。アマゾン川のデルタ地帯の広大な湿地、米国フロリダ州エバーグレーズ国立公園の湿原とマングローブ林。これらは、陸と水の境界はあいまいで、絶えず姿を変える。

陸と水が出合う場所では、劇的な景観も見せる。ブラジルとアルゼンチンの国境にあるイグアスの滝は、轟音とともに大量の水が巨大な玄武岩の岩肌を叩きつける。世界屈指の絶景だ。

ハワイのナパリコーストやアイルランド西海岸では、1000年もの長きにわたって海岸線で水と岸との「戦い」が起きている。激しく打ちつける波は、陸を侵食し壮大な断崖をつくり出した。ノルウェーのフィヨルドは、はるか昔に氷河が大地を深く削り取ってできたものだ。

これらの激しさと無縁な景観が、太平洋に浮かぶタヒチ島だ。まるで粉のような柔らかい白砂の浜辺に、青い波が穏やかに打ち寄せる ――。

水辺はどこにも魔力がはたらいている。その景観は水辺ごとに違う表情を見せ、実に多様だ。目を見張る、ため息が出るような、美しい水辺を訪ねてみよう！

27
桂林
中国、広西壮族自治区

中国南部の桂林には、まるでおとぎ話のようなファンタジーあふれる景観が広がる。ゆったりと蛇行しながら流れる漓江《りこう》に沿って連なる山々や牧歌的な丘陵地帯が、浸食によって巨大な石灰岩の塔や断崖、尖峰へと姿を変えた。風と水と時間によって、世界有数の壮大なカルスト地形がつくり出された。

とっておき情報

景色を最大限に楽しむには、漓江下りがおすすめ。桂林から風光明媚な小さな町、陽朔《ようさく》まで、漓江を1日かけて下る船がたくさん出ている。

桂林の代名詞ともいうべき石灰岩の絶景のなか、漓江を渡っていく小舟。

28 ナパリコースト
na pali coast

米国ハワイ州、カウアイ島

カウアイ島北西部の海岸地帯ナパリが、映画『ジュラシック・パーク』のロケ地になったのもうなずける。人里離れた海岸から、深い谷がいくつも刻まれた断崖が数百メートルもの高さでそびえ立つさまは、まるで先史時代に迷い込んだかのようだ。内陸部の雨量は年間1万2000ミリに達し、急流となって海へ注ぎ込む。この急流と、絶えず打ち寄せる荒波の二つの力が合わさって、この崖をつくり上げた。

とっておき情報

クルージングで絶壁をめぐりながら、いろいろな海鳥、イルカ、カメ、モンクアザラシなどの海洋生物を観察しよう。12月から4月にかけてはクジラも楽しめる。ハナカピアイ・ビーチまでの軽いハイキング・コース（全長6キロ）や、カララウ渓谷へ続く健脚者向けハイキング・コース（往復35キロ）を歩くのもいい。

急流や滝（左）が、ナパリコースト（上）に急峻な峡谷や割れ目を刻んだ。

29 クレーターレイク crater lake

米国オレゴン州、クラマス

オレゴン州中南部にあるクレーターレイクは、水深592メートルの米国一深い湖だ。流れ込む河川がなく、年間降雪量14メートルの豊富な雪と雨を水源とするため、息をのむほど澄みきった透明度の高い湖として知られる。7700年ほど前、カスケード山脈のマザマ山が噴火したあとに形成された。周りのギザギザした断崖はかつての火口縁で、湖面に浮かぶ島々はのちの噴火によって出現した。

とっておき情報

湖を見渡せる絶景ポイントは二つある。車で東西のリムドライブ（夏期のみ通行可能な火口湖の周縁道路）を通って行くクラウドキャップ展望台と、湖の東側にあるスコット山（2721メートル）への3時間のハイキングコースだ。

クレーターレイクと真ん中に浮かぶウィザード島。どちらも火山の噴火でできた。

30 the everglades エバーグレーズ

米国フロリダ州南部

エバーグレーズ国立公園をゆっくりと絶え間なく流れる水が、美しい湿地帯の姿を魔法のように変化させる。ここは北米でも屈指の多様性に富み、自然のままの状態が保たれた生態系だ。面積6070平方キロの広大な公園のいたるところにイトスギが群生する沼やソーグラス（ススキの仲間）が茂る湿地、マングローブ林、その他の植物の茂みがある。マナティーやフロリダパンサー、クロコダイルなどの希少種を含む野生動物たちの絶好の隠れ家となっている。

とっておき情報

ナチュラリストのガイドつきボートツアーがおすすめ。マングローブが茂る林を縫うように進んでエバーグレーズの奥深くの鬱蒼とした沼地を探検するコースや、アメリカアリゲーター、アライグマ、ボブキャット、イルカなどの野生動物に会えるかもしれない開放的な海水地区のコースがある。

エバーグレーズ国立公園で飛び立つサギ。世界でも指折りの貴重な湿地帯を形成するイトスギの沼やマングローブ林の上空を自由に飛びまわる。

プリトビッチェ湖群

31 plitvice lakes

クロアチア

16の魅力的な湖から成るプリトビッチェ湖群はクロアチア最大の国立公園。それぞれの湖は、レースのベールのような滝と石灰岩の壁、そして滝のように垂れ下がる繊細な植物たちで縁どられる。光線の当たり方や水中のミネラルと有機物の組成によって、湖面は緑や青、灰色と、たえず色合いを変化させている。湖から湖へとゆっくり流れる水流は全長8キロにわたり、それぞれの湖を隔てる土手は、コケや藻が長い時間をかけて堆積して石灰化したものである。

とっておき情報

所要時間5時間の「H」コースは、公園の全体像をつかむのに最適。公園内を縫うように走る木道を歩けば、きらめく湖や滝、峡谷、周辺のブナの森などの景観が楽しめる。

プリトビッチェ湖群の16ある湖の一つ。ミネラル分を多く含むため鮮やかな色の水をたたえている。

モハーの断崖

32

cliffs of moher

アイルランド、クレア州

ヨーロッパの最西端に風と波が激しく打ちつける巨大な砂岩の壁がある。アイルランド西海岸にあるモハーの断崖の先には、はるか遠く離れた北米の海岸まで、大西洋の大海原が広がる。岩棚のほんのわずかな空間に草花がしがみつくように生息し、ツノメドリの大群など、多いときは3万羽もの海鳥が岩壁に巣をつくり、海上を旋回する。最高で標高214メートルに達するこの断崖は、年に100万人以上が訪れるアイルランドで最も人気のある観光名所の一つだ。

とっておき情報

断崖の最高地点近くにあるオブライエン塔まで行けば、絶景を満喫できる。風は強いが歩きやすいハイキングコースがある。近隣のドゥーリン村の桟橋から出ているクルーズを利用すれば、断崖や、くだけちる波を間近に楽しめる。

アイルランドで最も美しく観光客の多い海辺の名所の一つ、モハーの断崖（上）にしがみつくように根を張る草や花（左）。

33 ザンジバル zanzibar

アフリカ

ザンジバルは「スパイスの島」とも呼ばれている。アフリカの東海岸沖に浮かぶこの諸島は、ペンバとウングジャという二つの大きな島と、たくさんの小さな島々から成る。クローブやナツメグ、シナモン、コショウなどがよく育つ土壌と気候に恵まれている。白いビーチにはヤシの木が生え育ち、サンゴ礁の群生する温かく穏やかなターコイズブルーの海など、その景色も素晴らしい。

とっておき情報

ビーチは絶対にはずせない。素晴らしいダイビングが楽しめるケンドワなどがおすすめ。またスパイスツアーに参加して、スパイスがどのように栽培されるかを見学するのもお忘れなく。そのあと首都ザンジバルシティの旧市街ストーンタウンの、スパイスが並ぶ市場を訪ねよう。

桟橋の先には、真昼の太陽にきらめくザンジバルの静かに澄みきった海が広がる。

34

ビック・サー big sur

米国カリフォルニア州沿岸

ビック・サーがどこからどこまでなのかは意見が分かれるが、その景観の野性味あふれる壮大さは疑いの余地なしだ。カリフォルニア州中部の全長約145キロにわたる急斜面の沿岸地帯には、海と内陸の美しさが融合している。海辺は切り立った崖、太平洋に沈む夕日、三日月形のビーチ、奥まった入江、砂丘、波の打ち寄せる岬などで彩られ、息をのむような景色の数々が望める。そして内陸部には、空高くそびえるレッドウッドの森や豊かな水辺の森林、なだらかな草原、原生林の繁る山々、この地域特有の低木チャパラルに覆われた丘陵地帯などが広がり、さまざまな生きものが住み着いている。

とっておき情報

ビッグ・サーの全体像をつかみたければ、九つある州立公園をめぐり、世界でも屈指の絶景ドライブコース、ハイウエー1号線を走ればよい。なかでも見どころは、ビクスビークリーク橋、ポイント・サー灯台、マクウェイ滝トレイル沿いの滝や小川、渓谷などだ。

ジュリア・ファイファー・バーンズ州立公園内にあるマクウェイ滝。この公園は1962年、ビッグ・サーの保護を目的として設置された。

35
« アマゾン川

南アメリカ

アマゾン川の美しさについては、何から語り始めればいいのだろうか。全長6500キロの長さや広大な熱帯雨林など、その雄大さ。それとも多様な動植物に見られるもっと身近な美しさ。はたまた人間の目では決して見ることができない、微小で不可知の世界に隠された無数の美だろうか。

世界最大のハスであるアマゾン原産のオオオニバス。

36
ベイ・オブ・ファイアー »

オーストラリア、タスマニア島東部

タスマニア島は手つかずの景観がその魅力だ。なかでもベイ・オブ・ファイアーの美しさが際立つ。トップシーズンでもそれほど混まないので、夕暮れ時に砂丘や岩場の多い岬を探索したり、光り輝く白砂のビーチでキャンプして、朝日が昇ると同時に青く澄んだ海で泳いでみたり、コケに覆われた岩の間を散歩したりと、好きなように過ごせる。

オレンジ色のコケがむした花崗岩が連なるベイ・オブ・ファイアーの浜辺。

37
« カトリン湖

英国スコットランド、スターリング

グラスゴーの北にある淡水湖、カトリン湖のロマンチックな風景は、サー・ウォルター・スコットの叙事詩「湖上の美人」と、それをもとにロッシーニが作曲した同題のオペラにインスピレーションを与えた。今日ではハイキングやサイクリング、釣りを目的に大勢の観光客が訪れ、レトロな蒸気遊覧船、サー・ウォルター・スコット号が湖面を行き来している。

ロマンチックなカトリン湖とハイランド地方南部の山々。

38

« ミルフォード・サウンド

ニュージーランド、フィヨルドランド

ニュージーランドで一番人気のあるトレイルがミルフォード・トラック。体力に自信があれば数日かけて踏破に挑戦してほしい。楽しみ方はいろいろで、クルーズ船に乗って氷河に削られたフィヨルドの巨大な岩壁や無数の滝、緑濃い雨林、息をのむような山の頂を堪能することもできる。「ジャングル・ブック」の著者、ラドヤード・キップリングはこの景観を「世界8番目の不思議」と絶賛した。

ミルフォード・サウンドの水面に映るマイター・ピーク（標高1695メートル）。

39

グレート・ブルーホール »

ベリーズ

ブルーホールとは氷河期に形成された洞窟群が、氷が解けて海面が上昇したことにより水没してできたもの。グレート・ブルーホールは、ベリーズシティの東70キロほどの海中にあるサンゴ礁、ライトハウス・リーフにある。深さ124メートルの巨大なブルーホールは、世界屈指のダイビングスポットになっている。

グレート・ブルーホール。鮮やかな青は、深さと水の透明度が影響したもの。

40

« オカバンゴ・デルタ

ボツワナ

ボツワナのオカバンゴ・デルタは、アンゴラ高地から北の平地に向かって発生する季節的な洪水によって形成される。自然界ではまれにしか見られない貴重な内陸デルタだ。3月から6月にかけて、乾燥した砂漠のような景観が一変して緑に覆われたオアシスとなる。それにともないこの地域にすむ野生生物や先住民の暮らしも一変する。

夕暮れ時、オカバンゴ・デルタに水を飲みにやってきたゾウの群れ。

41 セーシェル諸島 seychelles

アフリカ

アフリカ大陸から1500キロ離れたインド洋に浮かぶ155の島々から成るセーシェル。その砂浜は、世界でも最も多く写真が撮られたビーチだろう。それもそのはず、ここにはこのうえもなく青い海、豊かなサンゴ礁、そして淡いピンクの細かな砂でできたビーチが広がる。その美しさをいっそう際立たせるのが、大半の島に見られる丸みを帯びた巨岩だ。7億年前に形成された花崗岩が波に浸食されてできたこれらの巨岩は、地球最古の岩の一つであり、セーシェル諸島は世界でも最古の島となっている。

とっておき情報

ラ・ディーグ島のアンス・スース・ダルジャンは、数あるビーチのなかでも際立った美しさ。でも海岸だけではもったいない。プララン島バレ・ド・メ自然保護区にある、植物界最大の実をつけるヤシの木、ココ・デ・メール（フタゴヤシ）の原生林は必見だ。

花崗岩が点在するセーシェル共和国のビーチ。

42 newfoundland

ニューファンドランド島

カナダ東部

今から1000年以上前、新世界を目指した最初のヨーロッパ人、バイキングがニューファンドランドの海岸に到達した。だが、彼らはここに住みつくことはなかった。美しい景観とは裏腹に、切り立った断崖や深く削られたフィヨルド、風が吹きつける岬など、島の自然環境は人を寄せつけない厳しさに満ちていたからだ。4月から6月にかけて沖合には氷山が漂い、廃墟となった漁村は、長い間海岸で暮らしを営んだ人々の歴史を物語る。一人になれる場所を求めて、あるいはさわやかな大西洋の風を求めてここを訪れる観光客は多い。島にはカヤックやハイキング、クジラなど野生動物のウオッチングといった楽しみもある。

とっておき情報

ハイカーや歴史ファンには、東海岸に伸びる全長265キロのイースト・コースト・トレイルがおすすめ。また、北米で唯一確認されたバイキングの入植遺跡ランス・オー・メドーも興味深い。

セントメリー岬（右）と北米大陸最東端のスピアー岬（左）。

43 iguaçu falls イグアスの滝

ブラジル、パラナ州

「これじゃナイアガラがかわいそうね」——エレノア・ルーズベルト大統領夫人は、イグアスの滝を見てこう叫んだという。ブラジルとアルゼンチンの国境に位置するこの巨大瀑布は、高さ・幅ともにナイアガラを上回る（流量はナイアガラの方が上）。イグアス川が、玄武岩から成るパラナ高原の端から流れ落ちてこの滝となった。雷鳴のような轟音が辺りに響きわたり、300近い滝から立ち上る水煙は周辺の草木をベールのように包み込み、やがて150メートルの上空にまで達する。

とっておき情報

絶景ポイントはアルゼンチン側の二つのトレイル。最も見ごたえのある滝の景観が楽しめる。渓谷の上を歩くアッパー・サーキット（全長1キロ）は5つの主要な滝をめぐり、ローワー・サーキット（全長1.6キロ）を歩けば大迫力の「悪魔の喉笛」を含む、さらに多くの滝を見られる。

イグアスの滝はブラジル、アルゼンチン、パラグアイの3カ国にまたがる、世界で最も壮観な瀑布の一つだ。

44

« ロフォーテン諸島

ノルウェー北部

ロフォーテン諸島は北極圏に位置し、氷河によって削られたノルウェー沿岸に宝石のように輝く風光明媚な島々から成る。深く削られたフィヨルドの入口には素朴な村々が点在し、村と村を結ぶトレイルを、ハイキングやサイクリングでたどってみよう。その周りを無数の海鳥が群がる断崖や、ハイカーやスキーヤーに人気の急峻な山々が縁どる。

モスケネス島にある、ロフォーテンの典型的な漁村レイネ。

45

タヒチ »

フランス領ポリネシア

この島だったら難破しても構わない —— とまで思わせてしまうのが、南太平洋に浮かぶ118の島々とサンゴ環礁から成るフランス領ポリネシアの最大の島タヒチだ。温暖な海、風にそよぐヤシ、サンゴ礁、ここにしかない粉のような砂のビーチ。絵に描いたようなのどかな離島の光景がここにある。のんびりした暮らしに触れ、やさしく友好的な人々に囲まれて過ごしていると、いつか時の経つのを忘れてしまう。

南太平洋のタヒチに太陽が沈み、申し分のない1日がまた暮れてゆく。

46

« カイコウラ

ニュージーランド、カンタベリー地区

先住民族マオリ族の言語で「カイ」は食べ物、「コウラ」はイセエビを意味する。その名のとおり、カイコウラはさまざまな生物が生息する豊かな海に恵まれ、沿岸にはゴツゴツした岬や断崖絶壁、そしてうっすらと雪を頂くカイコウラ山脈の稜線が魅力的な景観をつくっている。

ニュージーランド南島の東海岸にたたずむカイコウラの町を囲むようにそそり立つ断崖。

47

« 湖水地方

英国イングランド

古くから詩人や作家、画家に賛美されてきた湖水地方。起伏に富んだ丘陵地帯に風情のある村々や大小の穏やかな湖が点在し、英国で最もロマンチックな風景が広がる。船で湖水を周遊したり、湖岸沿いや、ひなびた農場、森、山の稜線を縫うように走る小道やトレイルをのんびり歩いたりして探索しよう。

湖水地方に点在する20の主要な湖の一つ、ダーウェント湖。

48

カテドラル・コーブ »

ニュージーランド、コロマンデル半島

ニュージーランド北島のカテドラル・コーブの軟らかな岩は波の侵食を受けやすく、その結果、洞窟や岩柱、岩のアーチ、白砂の浜辺などから成る複雑な海岸線がつくられた。ハイキングコースは短時間のものから数日かかるものまであるので、海岸線や牧歌的な内陸地を探索しよう。沖合にある海洋保護区で泳いだり、シュノーケリングやカヤックを楽しむのもおすすめだ。

自然がつくり出した岩のアーチの向こうに魅惑的なビーチを望む。

49

« オーキフェノーキー湿地

米国ジョージア州南部

オーキフェノーキー湿地は、北米で最も古い淡水湿地帯の一つ。総面積1432平方キロの広大な原野は、沼や湖とそこに浮かぶ島々、草原、開けた湿原、イトスギの森などで構成され、トレイルハイキングやボートツアー、木道歩き、展望やぐらなど、さまざまな方法で楽しむことができる。

ジョージア州オーキフェノーキー国立野生生物保護区のシロトキの群れ。

キャノンビーチ

50 cannon beach

米国オレゴン州沿岸

19世紀の探検家ウィリアム・クラークはキャノンビーチを見下ろす地点に到達したとき、「これほど雄大で目に心地よい景色はいままで見たことがない」と感嘆の声をあげた。200年後の今もその景観はほとんど変わらない。クラークス・ポイント・オブ・ビューと呼ばれる展望台まで数あるトレイルのどれかをたどって行けば、必ず絶景が楽しめる。オレゴンの海岸沿いに14.5キロにわたって伸びる幅の広いビーチの背後には、穏やかな水際や、針葉樹林、コースト山脈の峰々が連なっている。

とっておき情報

ヘイスタック・ロックは高さ72メートルの巨大な玄武岩の一枚岩で、世界で3番目に大きい。海洋保護区に指定されているこの岩には、潮間帯特有の生き物が多数生息し、海鳥たちのすみかともなっている。

キャノンビーチに落ちる夕日を背に、ヘイスタック・ロックと三つの岩「ザ・ニードルズ」のシルエットが浮かび上がる。

51

ノイシュバンシュタイン城

ドイツ、バイエルン州

ウォルト・ディズニーの『眠りの森の美女』のお城のモデルになった、まさにおとぎ話に出てくるような石造りの城。1866年、孤独を愛したバイエルン王ルートビッヒ2世は、隠遁用の離宮として「ドイツ中世騎士の城」をしのぐ城を建設しようと決心する。だが、実際に彼がここで過ごしたのは死ぬ前のたった172日間だけだった。

壮大なノイシュバンシュタイン城は、バイエルン王ルートビッヒ2世、1人のために建設された。今では年間130万人の観光客が訪れる。

歴史ある
都市と建築をめぐる

cities & beyond

“建築には、人類の偉大な思想が記録されている。宗教的なシンボルだけでなく、あらゆる人間の考えが、その巨大な本に記されているのだ”

ビクトル・ユーゴー

人間の営みを、偉大な自然の創造と比べてもよいものだろうか。たしかに、自然の豊かな創造力と限りない多様性には、驚くほかない。自然の創造が、何千年という時間をかけてこの世界を思いのままに変えていくのに対し、人間の創造はほんの束の間の出来事である。にもかかわらず、見る人の心に刺激を与えるという面では、人間の創造物も自然の偉大な創造物も変わりはなく、ともに十分称賛に値するものである。

ロンドン、パリ、サンクトペテルブルク、ニューヨークなどの都市では、さまざまな建造物が訪れる者を楽しませてくれる。これらは何世紀にもわたる人間の創造力の証である。帝国や建物は崩壊してもこれらの都市は消えることなく存在し続け、新しい建造物で飾られていった。ローマでは、古代ローマ皇帝が建造したものと、教皇やルネサンス期の君主が建造したものが隣り合わせに並んでいる。ロンドンのウェストミンスター寺院と近代的な超高層ビルとの間には、千年の隔たりがある。蜂蜜色の石造りの建物が並ぶオックスフォードの街から、寺院と桜の街、京都まで、多種多様な都市の景観は人間の想像力の豊かさを映し出している。

消滅した都市もある。インカの失われた都市マチュピチュ。「時の刻みと同じくらい古い」と言われるバラ色の都市ペトラ。こうした過ぎ去った文明の創造物にも、現代文明のそれと変わらない美しさや、未知の新しさがある。また、ピラミッドやバガンの寺院、万里の長城といった巨大な建造物、おとぎの国から抜け出てきたような山頂の城や宮殿にも、驚きの目を見張る。

こうしたさまざまな創造物を見ていると、一つの単純な真実に気づく —— 世界で最も美しい場所のなかには、自然の驚異だけでなく、人間の知性が生み出した途方もない驚異も含まれるのだと。

52
ローマ
イタリア

古代、ローマは「カプト・ムンディ（世界の首都）」と呼ばれた。以来、3000年以上にわたって壮麗で、人々に畏敬の念を抱かせ続ける町、ローマ。皇帝や教皇、君主の町。ロマンスや甘い生活、けだるい日々の町。そして教会や美術館、噴水のある広場、帝国の黄金期をしのばせる壮大なモニュメントの町でもある。

とっておき情報

ロトンダ広場まで行ってカフェに入ろう。飲み物を片手に、ローマ時代の世界最大の建造物パンテオンの壮大なファサードを眺めれば、畏敬の念が胸にわき上がってくる。

永遠の都に日が落ちて、テベレ川の水面とサン・ピエトロ大聖堂の巨大なドームを夕闇が包む。

53 マチュピチュ machu picchu

ペルー

霧に包まれたペルー・アンデスの高地は、とうてい都市を建設するような場所ではない。人里離れた山の奥にあるマチュピチュは、スペイン征服者のえじきにもならず、1911年になるまで外の世界に知られることはなかった。インカ帝国は、このうえもなく美しい場所に、人間の手によって傑作を生み出したのだ。ただ、何の目的で建設されたのかはいまだに謎のままだが。石積みの傾斜路や段々畑は、まるで自然の風景そのものの延長のように見える。

とっておき情報

インカ・トレイルは2日または4日のコースがある。雄大な景色のなかにインカの遺跡が点在する高山のトレッキングを楽しんだら、マチュピチュには夜明けに着きたい。許可証の携帯とポーターの同伴が義務づけられている。徐々に高山に体を慣れさせることが必要。

ペルー・アンデス山脈の奥、標高2430メートルの高地にたたずむ「インカの失われた都市」マチュピチュ。

54 オックスフォード oxford

英国イングランド

「夢見る尖塔」や美しい鐘の音で知られ、王室の離宮、学問の中心地、さらには英国で最も美しい町とも呼ばれれるオックスフォード。この町が誇れるものはいくつもあるが、なかでも素晴らしいのは歴史ある街そのものを形作る建造物、とりわけ中心部にある一群のカレッジや由緒ある大学施設だ。コッツウォルド産の温かな蜂蜜色をした石造りの建物と、その建物に囲まれた「クワッド（中庭）」は、ヨーロッパのどこにも匹敵するもののない美しいハーモニーを奏でている。

とっておき情報

ボドリアン図書館周辺の曲がりくねった石畳の道を散策したり、自転車で回ったりしてみよう。一般に公開されているカレッジがあったら、中に入ってみること。何世紀にもわたって大学の教官や詩人たちがそうしてきたように、コッツウォルド産の石の建物に抱かれて、この誉れ高い大学街の雰囲気にしばし浸ってみよう。

1438年に設立されたオール・ソウルズ・カレッジ（左）とオックスフォードの中心部分（上）。中央に建つのは図書館の一部ラドクリフ・カメラ（1737年建設）。

sintra 55 シントラ

ポルトガル

緑豊かな丘の町シントラ。夏は木々が鬱蒼と生い茂って涼しく、冬は温暖である。1年を通じて絵のように美しい景色を楽しむことができる。しかも他のポルトガルの都市と違って、首都リスボンから西へほんの30キロという近さ。そのため長い間、王室の避暑地として愛され、15世紀ごろから豪華な宮殿や庭園が次々と建設された。贅を尽くしたその建築は、時にエキゾチックな雰囲気に満ちている。

とっておき情報

ファンタジーの世界に迷い込んだようなペナ国立宮殿は、その大部分が19世紀に建築された王宮。ゴシック様式やルネサンス様式、イスラム様式などさまざまな様式のパスティーシュ（寄せ集め）として、ロマン主義時代の壮麗な建築物の一つに数えられる。

シントラ周辺の丘陵地帯に建つ歴史的な宮殿や城の一つ、ペナ国立宮殿。

56
« サバンナ
米国ジョージア州

1773年に建設されて以来、サバンナの街並みは当時の面影を少しも変えていない。正面にポーチのある白い木造の家をはじめとする素晴らしい歴史的建造物が見もの。風格のある広場、公園、枝からスパニッシュ・モスが垂れ下がる優雅な並木などが保存され、全米屈指の歴史地区となっている。

1840年代に造園されたフォーサイス公園と1858年につくられた噴水。

57
ベルゲン »
ノルウェー西部

ベルゲンはノルウェー第2の都市。1000年の歴史をもつブリッゲン地区には、鮮やかな赤や黄、オレンジ、クリーム色に塗った三角屋根の木造建築が立ち並ぶ。材木とペンキは建築用資材としてはごく素朴なものなのに、ヨーロッパの歴史地区のなかでもひときわ美しく、独特な雰囲気を醸し出している。これらは中世ドイツの商人たちが倉庫として建てたものだ。

かつて倉庫や商人の住居だったブリッゲン地区の木造建築。

58
« チチェン・イッツァ
メキシコ、ユカタン半島

かつてここで暮らしていたのはどんな人々だったのか。チチェン・イッツァの遺跡は、訪れる人の好奇心をそそってやまない。10世紀のマヤ文明絶頂期に建設された壮大な建造物の数々は、この文明が大きな権力を誇っていたことを物語る。その一方で、球技だけを目的にした巨大な競技場もあり、マヤ人が遊び心ももっていたことをうかがわせる。

マヤ帝国の首都チチェン・イッツァの中心にそびえるククルカン神殿。

59

« ニューヨーク

米国ニューヨーク州

マンハッタンの空にそびえる摩天楼は、地球上で最もよく写真に撮られる都市景観で、見たことのない人はまずいない。それでも一度はニューヨークを訪れてみよう。そのまばゆいばかりの現実の姿は、どんな予想もはるかにしのぐ。作家のF・スコット・フィッツジェラルドは『華麗なるギャツビー』のなかでこう書いている――「ニューヨークは世界中のあらゆる神秘、あらゆる美があると期待させる街だ」と。

マンハッタンの夜景を背景に光り輝くハドソン川とブルックリン橋。

60

京都 »

日本

1000年以上にわたり天皇が居所を置き、日本の都だった京都には、ほかの近代都市にはない美しさがある。池のほとりにたたずむ神社や仏塔、緑に覆われた穏やかな山並み、黄金に輝く寺、天皇の別荘の静謐な庭や茶室などには、そんな美しさが秘められている。春に訪れれば街中が桜で埋まり、自然の美がいっそう京都の美しさを際立てる。

京都を代表する寺、金閣寺。

61

« ロストフベリーキー

ロシア

1667年、モスクワの北東約200キロにある古都ロストフのイオナ（強大な権力をもつロシア正教の府主教）が、モスクワのクレムリンにも劣らない府主教館を築こうと決心した。完成したのは、おとぎ話に出てくるような巨大な石造りの建築群で、装飾を凝らした教会、たくさんの宮殿や尖塔、銀色に輝くドームが、ネロ湖畔に独特の景観を生み出している。

ウスペンスキー大聖堂と復活教会。

62 サンクトペテルブルク st. petersburg

ロシア

ロシア史上最も大きな権力をふるった支配者の1人、ピョートル大帝が築いたこの都市は、もとよりありきたりの町になるはずはなかった。果せるかな、1703年に建設され、1918年まで首都の座にあったサンクトペテルブルクは、世界最大級の規模の都市となった。悠然と流れるネヴァ川沿いに歩けば、壮麗な広場や幅の広い大通りを舞台に、何百もの壮大な政府機関の建物や教会、あまたある宮殿の巨大なネオクラシック様式のファサードなどが次々に現れて目を楽しませてくれる。

とっておき情報

300万点にのぼる収蔵品をもつ世界最大の美術館の一つ、エルミタージュは、美しい宮殿川岸通りに建つ6つの歴史的建造物から成る。そのひとつはロマノフ王朝時代の冬の宮殿だ。

暗殺された皇帝アレクサンドル2世をしのんで建てられた、血の上の救世主教会。

63 万里の長城
the great wall

中国

壁それ自体が称賛の対象になることはあまりないが、もしそれが山や谷、平原を越えて8000キロ以上にもわたり延々と続く壮大な城壁だったらどうだろう。万里の長城は、ある一つの時代につくられた一つの城壁ではなく、厳密にいえば途切れずにつながった壁でもない。最も古い部分はおそらく紀元前7世紀にまでさかのぼるが、現存する長城の大部分は、14世紀の明王朝時代につくられたものである。城砦《じょうさい》の延長が6259キロあるほか、塹壕《ざんごう》の部分が359キロ、川や山など険しい自然の地形が2232キロ含まれる。

とっておき情報

北京から、万里の長城のなかでも最もみごとで修復状態が良い城壁へ行くことができる。なかでも居庸関《ジョイヨングアン》は必見。この周辺には幅5メートル以上、高さ7.8メートルにも達する城壁が延びている。

万里の長城の大部分は14世紀、起伏の激しい中国北部の国境地帯を守るために築かれた。

64 ロンドン london

英国

1666年の大火に1940年の大空爆。ロンドンは過去に何度も大きな災難に見舞われた。大英帝国時代の海洋交易を支えたドックランズ（旧港湾地区）もいつしか衰退した。だがどれも、この魅力的な町に永久的なダメージを与えることはなかった。ロンドンは過去を大切にしながらも、新たな再生をくり返してきたのだ。超一級の博物館、美しい公園、居心地のいいパブ、ロンドン名物の赤い2階建てバス、そしてセント・ポール大聖堂やバッキンガム宮殿などのみごとな建築物。これらには、過去の遺産と活気に満ちた現在が混然一体となって息づいている。消えゆくのは山高帽のみ。

とっておき情報

バスに乗ってロイヤル・アルバート・ホールまで行こう —— もちろん上の階に座って、眺めを楽しみながら。そこからハイドパークの中を歩いてみよう。まずケンジントン宮殿へ、さらにラウンド池、サーペンタイン池を過ぎれば、ハイドパーク・コーナーに着く。

セント・ポール大聖堂のドームから眺めるロンドンの夕日。前景の尖塔に注目。

65 santorini サントリーニ島

ギリシャ

アトランティス大陸伝説発祥の地という説もあれば、クレタ島のミノア文明滅亡の原因になった島という説もある。確かなのは3600年前、エーゲ海の真ん中で起きた史上最大規模の火山の噴火でできたカルデラが、現在のサントリーニ島を形成しているということだ。断崖の上に密集する白壁の家々、小さな緑のブドウ園、太古の黒い溶岩、島を取り巻くサファイア色にきらめく海……と、島は鮮やかな色で彩られている。

とっておき情報

フィラからイアまで崖の上を行く3時間のハイキング・コース（全長10.5キロ、健脚向き）を歩けば、息をのむようなカルデラの絶景が楽しめる。夕方か早朝の涼しい時間帯を選ぶこと。ほぼ並行して連なる道をレンタサイクルで走ってもいい。

絵のような村イアは、エーゲ海きっての美しい夕焼けを眺められる観光客の人気スポット。

66 bagan バガン

ミャンマー

東の空がピンク色に染まり、ヤシやタマリンドの木立が点在する平原が姿を浮かび上がらせる。緑の天蓋から無数の寺院の塔が突き出し、かすかに光る朝靄のなかに異世界のようなシルエットを延ばしていく。そのはるか先では、とうとうと流れるイラワジ川をおぼろげな稜線が縁どる。バガン王朝下の1057年から4450の寺院が建立されたが、1287年、王朝は地震やフビライ・ハン率いる元の侵攻により滅亡した。現在も約2230の寺院が残る。

とっておき情報

夜明けに熱気球に乗ってバガン上空を飛んでみよう。鬱蒼と茂るジャングルや低木から朝日にきらめく寺院の塔が突き出し、平原に昔ながらの村々が点在する光景は忘れがたい。

夜明けに熱気球から見たティーローミンロー寺院と、背景に浮かぶ数え切れないほどの寺院。

セビリア 67 seville

スペイン、アンダルシア

南欧特有の装飾を抑えたロマネスク様式とゴシック様式に、緻密で活力に満ちたイスラム美術が融合したエキゾチックな建築は、ムデハル様式の名で知られる。このムデハル様式が最も美しい形で結実したのが、蜂蜜色の石造りの家が並ぶセビリアだ。1248年まで5世紀にわたってムーア人の支配下にあったセビリアでは、その後も長くイスラム教の影響が残った。建築物にもそれは色濃く見られ、街全体がイスラム教とキリスト教が融合したみごとなモニュメントとなっている。

とっておき情報

イスラムの影響が最もよく見られるセビリアの建築物の代表は、かつてはムーア人の要塞で現在は宮殿となっているアルカサル。ほかに、モスクの跡地にその要素を多く組み込んで建てられたカテドラル（1401年着工）も必見だ。

考古学博物館（上）とアルカサル宮殿内のマリア・デ・パディーリャの浴場（右）。

68 イスタンブール istanbul

トルコ

イスタンブールは、ヨーロッパとアジアの接点に位置する。歴史的にはキリスト教、イスラム教またはその他の宗教の支配者が、代わるがわる統治してきた。文化の衝突が起きてもおかしくないところだった。にもかかわらずイスタンブールの景観を見ると、この街が伝統へのこだわりを超越して、したたかに生き延びてきたことがわかる。その代表が4世紀に建設されたアヤソフィアだ。1453年まではキリスト教の聖堂、その後1932年まではモスク、そして現在は博物館となっている。初期ビザンチン建築の要素が多く見られるブルーモスク(スルタンアフメット・モスク)もしかりだ。

とっておき情報

360年に建設されたアヤソフィアは、ヨーロッパのビザンチン様式建築の傑作の一つ。広大な建物の内部では、貴重な6世紀のモザイクで飾られた壁や、ローマ帝国、ビザンチン帝国、オスマン帝国の時代から受け継がれた宝物が堪能できる。

現在は博物館となっているアヤソフィアは、はじめはキリスト教の大聖堂として建てられ、その後イスラム教のモスクになった。

69

« ギザのピラミッド群

エジプト

世界の七不思議のなかでも最も古いギザのピラミッド。これほど単純な形で、これほど美しいものが他にあるだろうか。約4500年前にファラオの墓として建造された3大ピラミッドは、カイロの南西23キロのギザ台地にあり、周辺は大きな共同墓地（ネクロポリス）となっている。

カイロ近郊のギザのピラミッドの前をラクダのキャラバンが通過する。

70

アムステルダム »

オランダ

アムステルダムの中心部から同心円状に張りめぐらされた迷路のような運河。日中は観光船でにぎわい、夜は明かりを反射してきらめく。運河沿いにはハウスボートや教会、間口の狭い家が並び、時代を感じさせる美しい内装が垣間見える。これらの運河は、街を彩る華麗な建物の多くと同様、17世紀のオランダの黄金時代に建造された。

アムステルダムの運河に停留するハウスボートを冬の夕闇が包む。

71

« ペトラ

ヨルダン、マアーン

ギリシャ語で「岩」を意味するペトラは紀元前400年から西暦106年まで、ナバテア王国の首都だった。19世紀英国の聖職者ジョン・バーゴンはこの町を「歴史の半分を見守ってきた、バラ色に輝く都市」だと表現した。まるで「夜明けの茜色」に染められ、魔法の力で岩から現れ出たようなその姿は「静謐で美しく、孤独で、永久に変わらない」とバーゴンは書いている。

ペトラ遺跡で最も有名なエドディルの修道院。砂岩を彫ってつくられた遺跡がバラ色に輝く。

72
« ワシントンD.C.
米国

1790年7月16日、ポトマック川河畔に米国の首都を設置する法律が承認された。以後、ここにはさまざまな記念碑や広い道路、さらには国会議事堂やワシントン記念塔、ジェファーソン記念堂、ナショナルモールなど国家を象徴する壮大な建造物が建設された。それらはワシントンの街に国の首都としての重々しさと威厳ある美しさを与えている。

イルミネーションに照らされ、タイダルベイスンの畔に静かにたたずむジェファーソン記念堂。

73
ケープ・タウン »
南アフリカ

海と山に抱かれるように広がるケープ・タウン。16世紀英国の探検家フランシス・ドレイクは「地球を一周したなかで見た最も美しい岬」と称賛した。頂上が平らで霧がかかることの多いテーブル・マウンテン（標高1086m）に、ケーブルカーか徒歩で登ってみよう。山頂にいくつもある展望台から、ケープ・タウンの街とその向こうに広がる海が見渡せる。

テーブル・マウンテンの展望台からは、眼下にケープタウンの街が一望できる。

74
« メサ・ベルデ
米国コロラド州

コロラド州南西部の人里離れた台地にある、断崖をくり抜いてつくった600近い岩窟住居の遺跡。西暦500年から1300年にかけて先住民プエブロ・インディアンがつくったもの。その後、彼らはこつ然と姿を消し、廃墟となった集落をカウボーイが発見するのは1874年になってのこと。現在は、レンジャーの引率するガイドツアーで見学できる。

夜間照明に浮かび上がる集合住宅スプルース・ツリー・ハウス。ここには130の部屋がある。

パリ

75 paris

フランス

19世紀、セーヌ県知事ジョルジュ・オスマンはパリの大改造に取り組んだ。中世の迷宮のような街に幅の広い大通りを次々と整備していったが、ここを世界屈指のロマンチックな都市にしようなどとは少しも考えていなかった。ところが、自由な気風のカフェやこじんまりしたケーキ屋、しゃれたレストラン、四方八方に広がる蚤の市、趣のある界隈などの登場とともに、パリはまるで魔法にかかったように魅力的な街に変貌していった。合理的なものとロマンチックなものが一つに溶け合ったパリの街には、これぞフランスという雰囲気があふれている。

とっておき情報

ガイド付きのツアーに参加して、マレ地区、モンマルトル、サンジェルマン、シテ島、ノートルダム大聖堂とカルチェ・ラタンなど、オスマンの大改造の手を逃れ、今も中世パリの面影が残る界隈を歩いてみよう。

シャンゼリゼ大通りの東端に位置するコンコルド広場は、パリ最大の広さを誇る。

76

北極圏

スウェーデン

スウェーデンの北極圏の代表的風景といえば、森林、凍てつくツンドラ、キラキラ輝く湖などだ。オオカミやクマ、トナカイなどの野生動物もいる。そして忘れてはならないのは、息をのむような自然現象、オーロラだ。オーロラは自然の驚異のなかでも、とらえにくいものの筆頭にあげられる。先住民のサーミ人はオーロラを「音のする光」など、さまざまな名称で呼ぶ。

スウェーデン最北の都市キルナの夜空を照らすオーロラが、色彩のダンスをくり広げる。

地の果てに
見つけた自然の美

stark & wild

“道のあるところを進むな。道なきところを選び、自分のあとに道を残すのだ”

ラルフ・ワルド・エマソン

荒々しく、人を寄せつけない場所であればあるほど、私たちの心を惹きつける。「道なき森に楽しみあり、孤独な岸に歓喜あり」と英国の詩人バイロンは書いた。荒野は人に癒しを与え、孤独は慰めを与えてくれるのだ。

世俗から隔絶された場所、荒涼とした原野の果てに到達するのは容易なことではない。けれども、遠いからこそその場所を発見したときの喜びは大きい。自然の原野には本当はさまざまな動植物が生息しているのだが、私たちの目には何もない世界に見える。これが荒野の魅力だ。何もなければないほど、その魅力は増す。風になびく米国のグレートプレーンズ（大草原地帯）から北西航路のツンドラまで、私たちの心を揺り動かし、惹きつけるのは、広大な空と吹きさらしの平原の原始的な美しさだ。

もちろん、何もない場所ばかりではない。自然の原野は驚異的なものたちの舞台でもある。ガラパゴス諸島のエキゾチックな生物、サウスダコタ州バッドランズの月面のような不思議な光景、そして北極の森林の上空に揺らめくオーロラの神秘的な光。荒涼とした場所であればあるほど、自然は過酷だ。まぶしいほど真っ白なボリビアの塩湖や、キラキラ輝く南極の広大な氷床から、容赦ない日差しにさらされ常に形を変えるサハラ砂漠まで、そこには極端な暑さと寒さで彩られた独特の風景が広がっている。

100年前、米国の偉大な自然保護活動家ジョン・ミューアはこう書いた。「疲れて神経をすり減らし、過度に文明化した人々は、気づきはじめている……山に行くのは家に帰ることであり、荒野が自分に欠かせないものであることを」。1世紀を経た今、私たちはかつてないほど世界の荒々しい自然を求めている。「何もない」なかに、自分たちが失った何かが見つかることを信じて。

77

デビルズマーブル

オーストラリア内陸部

ノーザンテリトリー準州の人里離れた奥地。この先住民アボリジニにとって神聖な場所に、巨大な花崗岩の奇岩が並ぶ。これらの岩は風雨と砂漠の熱によって今でも侵食が進んでおり、不安定なバランスを保ちながら、ますます丸みを帯びていく。オーストラリアの最も不思議で象徴的な風景の一つだ。

とっておき情報

キャンプがおすすめ。広大な砂漠の空の下で目覚めたら、面積約18平方キロのカールカール・デビルズマーブル保護区のなだらかなハイキング・コースを歩いてみよう。

遠隔地にあるにもかかわらず、デビルズマーブルの巨岩群には年間ほぼ10万人の観光客が訪れる。

78 バッドランズ国立公園 badlands national park

米国サウスダコタ州

およそ7000万年前、現在のグレートプレーンズ（大草原地帯）のほとんどは海に覆われていた。その海の底の厚い堆積物が、隆起と侵食をくり返して峡谷や岩山となったのが、面積987平方キロのバッドランズ国立公園だ。異世界を思わせるこの地形にも驚くが、この地域は漸新世（2000～3500万年前）の化石層が豊富にあることでも有名。また、丈の高い草と低い草が混在するミックスグラス・プレイリーの米国最大の保護区もある。

とっておき情報

公園の北を走る州間ハイウェイ90号線からバッドランズ・ループロード（ハイウェイ240号線）に入ろう。この道は、公園内の見どころの多い一帯を縫うように走る。数々の絶景スポットがあり、いろいろなハイキング・コースの出発点にも行ける。

SFの世界 ── サウスダコタ州バッドランズ国立公園には、まるで別の惑星のような景観が広がる。

79 氷床 ice sheets

南極大陸

南極大陸で降る雪の量は知れている。1年間の降雪量は靴がちょうど埋まるほどしかない。しかしそれが少しずつ積み重なり、長い年月を経て凝縮し、南極大陸の98%を覆う氷床となる。何千年もの間にこうした巨大な氷床の一部が重力で海に押し出され、海上に浮く棚氷となったり、分離して氷山になったりする。氷に閉ざされた極地でも野生生物は生息している。ペンギンやオットセイ、アザラシ、クジラ、さまざまな海鳥が、地球上で最も寒く、最も乾燥し、最も風の強いこの場所で暮らしている。

とっておき情報

定員100人未満の小型船のクルーズがおすすめ。ペンギンやオットセイ、アザラシなどの野生生物や、氷に閉ざされた荘厳な「白い大陸」の景色を、大型クルーズ船よりずっと間近で見ることができる。

南極の流氷に乗るヒョウアザラシ。ほかのアザラシを捕食する唯一の獰猛なアザラシだ。

80 ウユニ塩湖

salar de uyuni

ボリビア

標高3653mのアンデス山中に広がる世界最大の塩原。そのモノクロームの世界をさえぎるものは何もない。ミネラル成分によってエメラルド色や朱色に輝く湖に、そびえ立つ火山の尖峰。毎年11月の繁殖シーズンに飛来する何千羽ものピンク色のフラミンゴ。そのいずれも、地平線一杯に広がるまぶしいばかりの純白の美しさを、いっそう際立たせるだけだ。美しさだけではなく、この地域の平坦さも驚きに値する。面積約1万2000平方キロに及ぶ塩原の高低差はたった1.2mしかない。

とっておき情報

塩湖内の「島」のほとんどはサンゴの化石でできている。その一つ、インカワシ島（魚の島）から白い海を見下ろしてみよう。多くの島には成長の遅いサボテンが群生し、なかには樹齢1000年になるものもある。

ウユニ塩湖の塩原（左）は先史時代に湖だったところで、アンデス山脈の高地にある（上）。

81

« ガラパゴス諸島

エクアドル

最初にここを発見したスペインの船乗りたちが「魔法の島」と呼んだこの場所は、今も魔法にかかったままだ。小舟で島から島へと移動すれば、長い年月にわたって、ほぼ捕食者のいない環境で進化したエキゾチックな生物に魅了される。彼らは2本足の見知らぬ客の姿にも動じる気配はない。

ガラパゴス諸島のフロレアナ島に生息するイグアナ。

82

ランドマンナロイガル »

アイスランド南部

蒸気の立ちのぼる温泉、ブクブク泡立つ硫黄泉、不思議な色の溶岩が層をつくる月面のような景観――色鮮やかな火山地形が広がるランドマンナロイガルは、多くの観光客を惹きつけてやまない。なかでもアイスランドで最も人気のある二つのトレッキングルート、ブラウフニュックル（青い山）と4日間コースのロイガベーグル・トレイルには、多くのハイカーが挑む。

ランドマンナロイガルの雄大な火山景観を背景にすると、ハイカーの姿は豆粒のようだ。

83

« チョコレート・ヒルズ

フィリピン、ボホール島

フィリピンで10番目に大きなボホール島。この島には無数の円錐状の小山がある。乾季にここを訪れれば、この小山の名前の由来にすぐ合点がいく。小山を覆う緑の草が枯れてチョコレート色になるのだ。

乾季に日差しを浴びて草が茶色になることからチョコレート・ヒルズと名付けられた。

84
« ソススフレイの砂丘

ナミビア

美しい曲線を描くナミブ砂漠南部の砂丘。中には高さ380mにも達する世界最大級の砂丘もある。砂丘の周りには、草木が点々と生えている。季節によって現れる川や、大西洋から流れ込む濃霧が水分を与えている。鉄含有量が多いため、砂丘はピンクがかったオレンジ色だ。

ナミブ・ナウクルフト国立公園の巨大砂丘の尾根を歩くハイカー。

85
レーストラック・プラヤ »

米国カリフォルニア州、デスバレー

プラヤと呼ばれる干上がった平らな湖底を、大きな石がひとりでに移動するという不思議な現象が見られる。風のせいだという説もあれば、冬に降るわずかな雨で湖底がぬかるみ、滑るからだという説もある。だが確かなことはわかっていない。砂漠の青い空を背景に黒い山影が浮かぶレーストラック・プラヤはしんと静まり返り、何も語ろうとしない。

「動く石」の軌跡がレーストラック（競走路）に見えることから、レーストラック・プラヤの名前がついた。

86
« エメラルドレイク

ニュージーランド、
トンガリロ国立公園

活火山トンガリロ山（標高1978m）の火口だったところに水がたまってできた湖。周辺の温泉地帯から浸み出てくる鉱物が、湖をエメラルドグリーンに染める。ニュージーランドで最も人気のある全長19.3キロの日帰りトレッキング・コース、トンガリロ・アルパイン・クロッシングから一望できる。

火山の岩肌にエメラルドグリーンの美しい湖面が浮かび上がる。

87 グランド・プリズマティック・スプリング grand prismatic spring

米国ワイオミング州、イエローストーン国立公園

自然界にある最も鮮やかな色で彩られたグランド・プリズマティック・スプリングは、まるで地上にかかる水の虹だ。温度の違いによって異なるバクテリアが繁殖し、さまざまな色を帯びている。中心部だけは高温でバクテリアが生息できないため、通常の、水による可視光線の選択吸収により青く見える。科学的な説明は退屈でも、結果は魔法のように素晴らしい。

とっておき情報

グランド・プリズマティック・スプリングは、歩きやすいフェアリー・フォールズ・トレイル（全長4キロ）から眺めることができる。このトレイルは、公園内のグランド・ループ・ロードにある出発点から2、3時間で1周できる。さらに1時間かけて、フェアリー・フォールズの先にある間欠泉、スプレー・ガイザーやインペリアル・ガイザーまで足を伸ばしてみよう。

色とりどりに染まる米国最大の温泉、グランド・プリズマティック・スプリングの空中からの眺め。

88 grand canyon national park

グランド・キャニオン国立公園

米国アリゾナ州

グランド・キャニオンの巨大な断崖にある人気眺望スポット、マーサー・ポイントに立てば、誰しも畏敬の念を覚えずにはいられない。所によって幅29キロ、深さ1800メートルにもなる北米で最大規模の自然景観を前にすると、人間はなんと小さなことか。コロラド川がこの峡谷を削るのに600万年かかった。さらには頁岩《けつがん》や砂岩、石灰岩から成る峡谷の壁には、20億年の地質年代が刻まれている。これらから見れば、人の一生はほんの一瞬にすぎない。

とっておき情報

トロウィープ・ポイントまで行って絶景を心ゆくまで楽しもう。峡谷が描く壮大な曲線、760メートル下を流れる銀色のコロラド川、溶岩や噴石丘など、ここからしか見られない眺望が堪能できる。

沈みかかった夕日が、グランド・キャニオンの北壁にある「ヴォータンの玉座」を照らす。

89 ハレアカラ・クレーター haleakala crater

米国ハワイ州、マウイ島

ハレアカラ山の低地には緑濃い雨林が生い茂り、鳥の鳴き声でうるさい。しかし、標高3055メートルの山頂近くまで行くと、風景はがらりと変わる。巨大な「クレーター」の尾根からすり鉢状の内部に下りれば、そこにあるのは溶岩と火山灰、聞こえるのは風の音だけだ。1907年、作家のジャック・ロンドンはこの岩だらけのクレーターの底に足を踏み入れ、「ギザギザの尾根や不思議な形をした噴気孔」を探検した。そこはまるで「天地創造が始まったばかりで、まだ未加工の材料で雑然としている自然の作業場」のようだと表現した。

とっておき情報

ハレアカラ山の頂上付近は、世界有数の天体観測地。ハレアカラ国立公園を通してクレーター内の3つの山小屋のどれかを予約し、星を眺めながら夜を過ごすのも忘れられない経験になるだろう。

馬に乗ってスライディング・サンズ・トレイルを下るトレッカーたち(右)。シルバーソード(銀剣草、上)は非常に珍しい、ハレアカラを象徴する植物だ。

90

モハーベ砂漠

mojave desert

米国南西部

ラスベガスやロサンゼルスの喧騒から遠く離れたモハーベ砂漠は、静寂と孤独に包まれ、訪れる者にやすらぎを与えてくれる。山や峡谷、巨大な台地、そびえる砂丘、そして土煙の舞う乾燥した広大な平野が、北米有数の原始的な風景をつくり出す。点々と残る鉱山跡や廃墟となった邸宅を除けば、人の手はほとんど加わっていない。その世界を、ジョシュア・ツリーや春に短期間咲く野の花々が美しく彩る。

とっておき情報

ジョシュア・ツリー国立公園内を走るリトル・サンバーナディーノ山脈の尾根にあるキーズビューから夕日を眺めよう。砂漠の向こうにペニンシュラ山脈の素晴らしい眺望を楽しむことができる。

赤い夕日を背にしたジョシュア・ツリーは、モハーベ砂漠お馴染みのシンボルの一つだ。

91

« 北西航路

カナダ

北西航路は特定の場所やルートを指す言葉ではない。カナダ北部の迷路のような北極水域を抜けて、大西洋と太平洋を結ぶ手段を意味する。長年の夢だったこの航路は、地球温暖化による海氷の減少によって航行可能になってきた。ツンドラと山と氷で閉ざされていた世界の扉が、この航路によって開かれようとしている。

氷が解けて北西航路の冷たい海に模様を描く。

92

ピナクルズ »

オーストラリア西部

オーストラリア西部のナンバン国立公園にある石灰岩の奇石群ピナクルズ。風や雨という明らかな要因以外に、これらの奇岩がどうして形成されたのか、一致した見解は出ていない。だが、その不気味な美しさには誰もがうなずく。年間25万人にのぼる観光客がここを訪れるのは、たいてい夕暮れか夜明けの時間帯。太陽が長い影をつくり、柔らかな光を浴びたピナクルズが赤や黄色、黄土色に輝く光景に息をのむ。

オーストラリア、ナンバン国立公園にある石灰岩群ピナクルズ。

93

« 溶岩原

米国オレゴン州

オレゴン州は北米でも有数の火山ホットスポット。過去に噴火し、これからもほぼ確実に噴火すると見られる火山があちこちにある。同州の大半の地域には、過去の噴火による壮大な地質学的遺産が点在している。なかでもカスケード山脈の麓にあるベンド市近郊の広大な溶岩原や孤立丘、石化林は見応えがある。

オレゴン州にはベンド近郊の溶岩原をはじめ、火山景観があちこちに見られる。

94

« シミエン山岳国立公園

エチオピア

エチオピア北部シミエン山地にある起伏に富んだ高原地帯は、アフリカのグランド・キャニオンとも呼ばれる。数百万年の間に侵食作用によって、幅の広い峡谷や目もくらむような切り立った断崖、ギザギザの峰々、深さ1500メートルにも達する巨大な峡谷が形成された。

アフリカの「グランド・キャニオン」と呼ばれるエチオピアのシミエン山地は、世界遺産にも登録されている。

95

バイカル湖 »

ロシア、シベリア

シベリア南東部にあって荘厳な美しさをたたえるバイカル湖は、さまざまな意味で世界第一級の湖だ。できたのは2500万年前と世界で最も古く、1642メートルという世界最大の水深をもつ。3万1722平方キロという世界有数の面積を誇り、地球上の不凍淡水の20%がここにあると見られている。1000種以上の植物と1500種以上の動物が生息し、しかもその8割が固有種だ。

凍結したバイカル湖で馬ぞりに乗った漁師が網を引き揚げる。

96

« ソコトラ諸島

イエメン

イエメン本土から355キロ離れたインド洋上に浮かぶ、4つの島から成るソコトラ諸島。アフリカ、アジア、ヨーロッパの要素をあわせもつ世界でも指折りの生物多様性の宝庫だ。ここに生息する動植物は、高温で乾燥した低地から中央部ハジエ山地の霧に包まれた花崗岩の尾根まで、幅広い環境に適応している。

奇妙な形をしたリュウケツジュ（竜血樹）はソコトラ諸島の見どころの一つ。

97 サハラ砂漠 sahara desert

アフリカ

地球上の「何もない」場所という点で、サハラ砂漠に並ぶのは北極と南極だけだ。面積は米国国土にほぼ匹敵する940万平方キロ。この広大なサハラ砂漠の一般的なイメージは、果てしなく続く一面の砂、太陽の光にかすむ地平線、強風の吹きつける砂丘といったところだろう。けれども実際には、サハラ砂漠の大部分はハマダと呼ばれる不毛な岩石高地や塩原、乾燥した広大な渓谷などから成る。砂漠内で最も高いエミクーシ山（標高3415m）には、数年に1回積雪がある。

とっておき情報

サハラ砂漠を体験するなら、モロッコのシェビ大砂丘へのラクダツアーに参加するのが最も手軽で安全だ。何千年もの昔からここに暮らす人々が目にし、行き来してきた砂漠の景色を楽しむことができる。

どこまでも続くサハラ砂漠の砂丘を横断するラクダの行列。

98 mineral forest 石灰棚

トルコ、パムッカレ

雪のような純白、北極海のような澄みきった青。トルコの不思議な景観は、色だけ見ると別の気候帯のように思える。だが実際には、白いのは雪ではなく炭酸カルシウムだ。あちこちの温泉から湧き出た石灰分を豊富に含む温水が、山肌を滝のように流れ落ちる。その過程で冷やされ、堆積して石灰棚をつくり出した。古代ギリシャやローマの人々はこの温泉に病を治す効果があると信じ、周辺に寺院や浴場、劇場などを建設した。それらの遺跡も、トルコ人が「綿の城（パムッカレ）」と呼ぶこの場所に魅力を添えている。

とっておき情報

団体ツアー客が到着する前に早起きして水着に着替え、ローマ時代の遺跡が影を落とす石灰棚の最上段の温泉プールに入ろう。そのあとは石灰棚を歩いて下まで下りてみよう（靴での歩行は禁止）。

流れ落ちる温泉の水が、長年の間に炭酸カルシウムを堆積させて石灰棚となった。

99
K2

パキスタン／中国、カラコルム山脈

イタリアの登山家、フォスコ・マライーニの言葉を借りれば、K2にあるのは「岩と氷と嵐、断崖絶壁、そして原子と星だけだ……人類誕生前の地球、あるいは人類消滅後の灰と化した地球のように荒涼としている」。19世紀に英国の測量士がつけた素っ気ない名称のまま、エベレストより237メートル低い8611メートルという標高で、世界第2位に甘んじている。にもかかわらず、典型的なピラミッド型の輪郭と壮大な岩壁をもつK2ほど、圧倒的な威容を誇る山はほかにない。

とっておき情報

通常11日かかるトレッキング・コースをヘリコプターで3日かけて進み、さらにカラコルム山脈の峰々の間を飛べば、K2峰や、極地を除いて世界で2番目に大きいバルトロ氷河を間近に見ることができる。

ヒマラヤ山脈にあるK2は、エベレストに次ぐ世界第2位の高峰。

100 the prairies プレーリー

米国中西部

米国中西部のプレーリー（大草原）には、米国でも1、2を争う神話的な景色が広がる。ここでは、広大な空が開拓者精神にじかに語りかけてくるように感じられる。「すさまじい強風とみごとなまでに何もない世界——それが私の祖国だ」と、画家のジョージア・オキーフは書いている。今日でもその壮大な風景は、人々にインスピレーションを与えてやまない。ジョン・スタインベックの言葉を借りれば、ここは「草の間にひっそりと咲く野の花からほのかに立つ香りのように」変化が起こる場所なのだ。

とっておき情報

フリントヒルズの中央、カンザス州チェイス郡にあるトールグラス・プレーリー国立保護区を訪れ、米国で唯一残る広大なトールグラス（丈の高い草）の草原を探索しよう。

早朝、カンザス州フリントヒルズにある野生のトールグラスの草原にかかる虹。

THE WORLD'S MOST BEAUTIFUL PLACES 100 unforgettable destinations

NATIONAL GEOGRAPHIC

ナショナル ジオグラフィック協会は、米国ワシントンD.C.に本部を置く、世界有数の科学・教育団体です。

1888年に「地理知識の普及と振興」をめざして設立されて以来、1万件以上の研究調査・探検プロジェクトを支援し、「地球」の姿を世界の人々に紹介しています。

ナショナル ジオグラフィック協会は、世界の39言語で発行される月刊誌「ナショナル ジオグラフィック」のほか、雑誌や書籍、テレビ番組、インターネット、地図、さらにさまざまな教育・研究調査・探検プロジェクトを通じて、世界の人々の相互理解や地球環境の保全に取り組んでいます。日本では、日経ナショナル ジオグラフィック社を設立し、1995年4月に創刊した「ナショナル ジオグラフィック日本版」をはじめ、DVD、書籍などを発行しています。

ナショナル ジオグラフィック日本版のホームページ
nationalgeographic.jp

ナショナル ジオグラフィック日本版のホームページでは、音声、画像、映像など多彩なコンテンツによって、「地球の今」を皆様にお届けしています。

いつかは行きたい
美しい場所100

2013年10月15日　第1版1刷

訳　者　　幾島 幸子
編　集　　武内 太一　田島 進
制　作　　日経BPコンサルティング
発行者　　伊藤 達生
発　行　　日経ナショナル ジオグラフィック社
〒108-8646 東京都港区白金1-17-3
発　売　　日経BPマーケティング
印刷・製本　大日本印刷
ISBN 978-4-86313-225-2
Printed in Japan

クレジット

Cover, peter zelei/Getty Images; 1, Erik Harrison/Shutterstock; 2-3, Richard Taylor/4Corners/SIME; 4-5, Lee Warren Photography/Getty Images; 6-7, Hanhanpeggy/Dreamstime; 8-9, mbbirdy/Getty Images; 10-11, Yva Momatiuk & John Eastcott/Minden Pictures/Aflo; 12-13, Roberto Rinaldi/SIME; 16-17, Cecilia Lim H M/Shutterstock; 19, Andrew Geiger/The Image Bank/Getty Images; 20-21, adisornfoto/Shutterstock; 22, Suzi Eszterhas/Minden Pictures/National Geographic Stock; 22-23, javarman/Shutterstock; 24-25, Pichugin Dmitry/Shutterstock; 26-27, Francesco R. Iacomino/Shutterstock; 28, Melissa Farlow/National Geographic Stock; 29, Sam Abell/National Geographic Stock; 30-31, somchaij/Shutterstock; 32-33, Michael DeYoung/Alaska Stock LLC/National Geographic Stock; 34 (UP), Maxim Tupikov/Shutterstock; 34 (CTR), Avik/Shutterstock; 34 (LO), Taylor S. Kennedy/National Geographic Stock; 35 (UP), Anne B. Keiser/National Geographic Stock; 35 (CTR), Scott Haskins; 35 (LO), Gordon Wiltsie/National Geographic Stock; 36-37, Raymond Gehman/National Geographic Stock; 38, Christian Storl/iStockphoto; 38-39, Patryk Kosmider/Shutterstock; 40-41, Bjorn Stefanson/Shutterstock; 42 (UP), Larsov/iStockphoto; 42 (CTR), saiko3p/Shutterstock; 42 (LO), Jason Edwards/National Geographic Stock; 43 (UP), Russell Burden/Photolibrary/Getty Images; 43 (CTR), Colin Monteath/Minden Pictures/National Geographic Stock; 43 (LO), Scott Murray/National Geographic My Shot; 44-45, Justin Guariglia/National Geographic Stock; 46-47, Theo Allofs/Corbis; 49, Martin Puddy/Getty Images; 50, Jason Keith Heydorn/Shutterstock; 51, Frans Lanting/National Geographic Stock; 52-53, Matthew Connolly/Shutterstock; 54-55, Brian Lasenby/Shutterstock; 56-57, Gordan/Shutterstock; 58, Patryk Kosmider/Shutterstock; 59, Chris Hill/National Geographic Stock; 60-61, VUSLimited/iStockphoto; 62-63, Andrew Zarivny/Shutterstock; 64 (UP), Videowokart/Shutterstock; 64 (CTR), Ian Woolcock/iStockphoto; 64 (LO), Chris Sargent/Shutterstock; 65 (UP), Maurizio Rellini/SIME; 65 (CTR), Giovanni Simeone/SIME; 65 (LO), Frans Lanting/National Geographic Stock; 66-67, Tatiana Popova/Shutterstock; 68, Norman Pogson/Shutterstock; 68-69, Wildnerdpix/Shutterstock; 70-71, Ralph Lee Hopkins/National Geographic Stock; 72 (UP), Günter Gräfenhain/Huber/SIME; 72 (CTR), Kevin Forest/Photodisc/Getty Images; 72 (LO), Jami Tarris/Corbis; 73 (UP), Steve Heap/Shutterstock; 73 (CTR), Tupungato/Shutterstock; 73 (LO), Raymond Gehman/National Geographic Stock; 74-75, tusharkoley/Shutterstock; 76-77, Boris Stroujko/Shutterstock; 79, S. Borisov/Shutterstock; 80-81, Amrid/Shutterstock; 82, Skowronek/Shutterstock; 83, Michael Dunning/Getty Images; 84-85, EUROPHOTOS/Shutterstock; 85, Matt Trommer/Shutterstock; 86 (UP), Lawrence Roberg/Shutterstock; 86 (CTR), Jim Richardson/National Geographic Stock; 86 (LO), Bruno Morandi/SIME; 87 (UP), Songquan Deng/Shutterstock; 87 (CTR), wolfmaster13/Shutterstock; 87 (LO), scaliger/iStockphoto; 88-89, posztos/Shutterstock; 90, chuyu/Shutterstock; 91, Raywoo/Shutterstock; 92-93, QQ7/Shutterstock; 94-95, DigitalHand Studio/Shutterstock; 96-97, Luciano Mortula/Shutterstock; 98, easyshutter/Shutterstock; 98-99, Jose Ignacio Soto/Shutterstock; 100-11, Luciano Mortula/Shutterstock; 102 (UP), sculpies/Shutterstock; 102 (CTR), Abraham Nowitz/National Geographic Stock; 102 (LO), Günter Gräfenhain/Huber/SIME; 103 (UP), Bill Perry/Shutterstock; 103 (CTR), Günter Gräfenhain/Huber/SIME; 103 (LO), Ira Block/National Geographic Stock; 104-15, Vlad G/Shutterstock; 106-17, Antony Spencer/iStockphoto; 109, Piotr Gatlik/Shutterstock; 110-111, Jan Kratochvila/Shutterstock; 112-113, Frans Lanting/National Geographic Stock; 114, Alberto Loyo/Shutterstock; 115, Karin Wassmer/Shutterstock; 116 (UP), nousefornאme/Shutterstock; 116 (CTR), Tupungato/Shutterstock; 116 (LO), Vitaly Titov & Maria Sidelnikova/Shutterstock; 117 (UP), George Steinmetz/National Geographic Stock; 117 (CTR), Sarah Fields Photography/Shutterstock; 117 (LO), Bjorn Stefanson/Shutterstock; 118-119, George Steinmetz/National Geographic Stock; 120-121, Erik Harrison/Shutterstock; 122, Chris Johns/National Geographic Stock; 122-123, Paul Zahl/National Geographic Stock; 124-125, David M. Schrader/Shutterstock; 126-127, Galyna Andrushko/Shutterstock; 128 (UP), Richard Olsenius/National Geographic Stock; 128 (CTR), Misty Norman; 128 (LO), Phil Augustavo/iStockphoto; 129 (UP), Robert Bremec/iStockphoto; 129 (CTR), Sarah Leen/National Geographic Stock; 129 (LO), javarman3/iStockphoto; 130-131, Roberto Caucino/Shutterstock; 132-133, Grazyna Niedzieska/iStockphoto; 134-135, Michael Forsberg.